# NOTICE



## ALEXANDRE-SILVAIN JAVON

ANCIEN MAGISTRAT

## PAR M. LAURAS

AVOCAT A LA COUR ROYALE DE PARIS.

PARIS.

ADRIEN LE CLERE ET C^ie,

IMPRIMEURS DE N. S. P. LE PAPE ET DE MONSEIGNEUR L'ARCHEVÊQUE,

RUE CASSETTE, 29, PRÈS SAINT-SULPICE.

1843.
1844

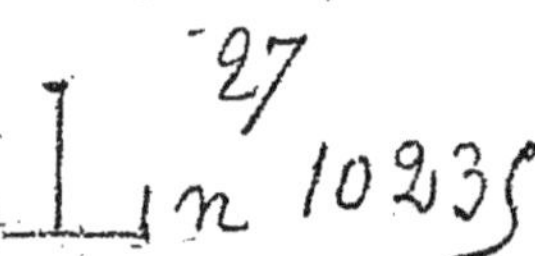

# NOTICE

SUR MONSIEUR

## ALEXANDRE-SILVAIN JAVON

**ANCIEN MAGISTRAT (1).**

— — —

MESSIEURS,

Il y a quinze jours à peine, un convoi funèbre attirait dans cette église un concours immense. Cette nef, ce chœur, étaient remplis d'une foule où se trouvaient confondus tous les rangs et toutes les conditions, offrant le spectacle d'une douleur et d'une consternation dont on n'avait jamais vu d'exemple. Ces derniers hommages étaient rendus à M. Alexandre-Silvain Javon, que la mort avait frappé le 12 novembre 1843.

M. Javon était membre du conseil de fabrique de cette

(1) Cette Notice a été lue, le 3 décembre 1843, à la réunion de la Conférence de Saint-François-Xavier, de la paroisse Saint-Nicolas-des-Champs. Les réunions de cette Conférence ont lieu dans l'église Saint-Nicolas-des-Champs, le premier dimanche de chaque mois, à sept heures et demie du soir.

paroisse, administrateur du bureau de charité du sixième arrondissement, membre de l'œuvre de saint François-Régis, destinée à faciliter le mariage civil et religieux des pauvres, etc... Un lien particulier d'affection l'attachait à cette Conférence, et il en a donné un témoignage dans son testament, où il fait à la fabrique de Saint-Nicolas-des-Champs un legs pour contribuer à la fondation d'une bibliothèque à l'usage des membres de la Conférence de saint François-Xavier.

Cette religieuse assemblée a donc contracté une dette de reconnaissance envers le fondateur de sa bibliothèque. J'ai pensé, Messieurs, que vous permettriez à un membre honoraire de votre comité, qui fut le parent et l'ami de M. Javon, d'acquitter cette dette en votre nom.

J'ajouterai que, dans l'affreux malheur qui a frappé une veuve, trois orphelines, une mère, un frère, des sœurs, et une autre famille d'amis et d'infortunés, qui pleurent aujourd'hui l'ami le plus tendre, le bienfaiteur le plus généreux, les cœurs brisés n'ont trouvé d'appui que dans les souvenirs et les consolations que laissait une vie consacrée au bien, couronnée par une mort chrétienne. Ces pensées ne consolaient pas seulement, elles instruisaient. J'ai donc voulu, en acquittant notre dette, et en reproduisant quelques traits d'une noble vie, retenir les enseignemens et les exemples qui nous ont été donnés.

M. Alexandre-Silvain Javon est né le 1ᵉʳ mars 1799,

sur cette paroisse, dans la maison même où il a rendu le dernier soupir, lorsqu'il venait à peine d'atteindre l'âge de la maturité. Ce rapprochement montre assez que Dieu lui avait départi les dons qui permettent à l'homme de mener une vie paisible et exempte d'agitations. M. Javon usa de ces dons en chrétien : éclairé des vives lumières par lesquelles la foi chrétienne fortifie et dirige les instincts d'un cœur compatissant, fidèle observateur des traditions de sa famille, dont il trouvait plus d'un dépositaire à ses côtés, il comprit qu'il était comptable de ses biens et de ses loisirs envers ceux à qui une autre part avait été faite ; il se regarda comme consacré au soulagement et à la consolation de tous les genres de douleurs.

Dès son jeune âge, M. Alexandre Javon ouvrit son cœur aux sentimens les plus tendres et les plus délicats de la piété filiale. Un seul trait fera connaître ce qu'il fut à cette première époque de sa vie. A l'âge de huit ans, il avait pris pour règle de ses pensées et de ses actions la devise suivante, et l'avait écrite pour en faire hommage à ses parens : « Contenter mes parens et faire leur bon» heur ou mourir, est, fut et sera toujours ma devise. » La tendre mère d'Alexandre Javon a religieusement conservé ce monument des heureuses dispositions de son fils, et elle sait que jamais ce fils chéri ne faillit à sa devise. Sous cette inspiration de la piété filiale, Alexandre Javon fut le plus aimable des enfans : il devint le modèle de ses condisciples, et contracta dès-lors avec plusieurs d'entre eux de fortes amitiés qui ont fait le charme de sa trop courte carrière.

La tâche qu'il s'était imposée de contenter ses parens et de faire leur bonheur devenait plus difficile lorsque le monde s'ouvrait devant lui. Alexandre Javon fut cependant toujours fidèle à sa devise : loin de succomber aux séductions et aux dangers qui l'attendaient, il se fit remarquer tout d'abord par la gravité de ses mœurs, que tempéraient une aimable bienveillance et une constante aménité de manières. Sa vertu simple, sans ostentation, ne blessa jamais personne, et se fit toujours aimer : aussi, lorsque parfois il se trouvait entouré de jeunes compagnons qui n'avaient pas le bonheur de partager ses principes et ses goûts, par sa seule présence, sans contention et sans efforts, il imposait le respect dû à sa pureté. Il est vrai aussi que l'affection qu'il inspirait était un frein suffisant pour l'indiscrétion et la pétulance : le chagrin que l'on aurait eu à le contrister arrêtait en sa présence jusqu'à la pensée du mal.

M. Javon, par une vie sérieuse et appliquée, par un caractère où se développait l'amour du vrai et du bien, se préparait aux nobles fonctions de la magistrature. En 1824, il fut nommé juge-suppléant au tribunal civil de première instance de la Seine. Il s'était fait la plus haute idée des devoirs qu'il était appelé à remplir : la magistrature fut pour lui ce qu'elle avait été pour les illustres magistrats ses devanciers, un véritable sacerdoce. M. Javon aimait à rappeler que ce fut dans l'exercice de ses fonctions, et à l'occasion de travaux communs, qu'il eut le bonheur de nouer une précieuse amitié avec le vénérable magistrat fondateur de l'œuvre de saint François-Régis. Dès les commencemens de cette œuvre, il fut désigné comme secrétaire du conseil, dont il fut depuis un des membres les plus actifs et les plus dévoués.

En 1829, il eut la douleur de perdre son père, dont il avait consolé les derniers momens par une tendresse et une pitié exemplaire, dont le souvenir est encore vivant dans la famille.

A l'époque des événemens de 1830, M. Javon donna sa démission, emportant avec lui l'estime et les regrets de ses collègues.

M. Javon était rendu au repos et aux loisirs d'une vie qu'embellissaient pour lui les charmes d'une union que Dieu avait bénie, et les plaisirs de la famille et de l'amitié; mais l'amour du bien, qui le dominait, ne lui permit pas de jouir pour lui seul de ce bonheur. Libre des graves préoccupations qui remplissent la vie du magistrat, il se consacra sans réserve aux œuvres de charité, qui, depuis cette époque, se sont disputé tous ses momens. Il se mêla dès-lors à toutes les œuvres qu'a enfantées de nos jours l'ingénieuse et féconde charité chrétienne; il les aida de ses conseils, de son crédit, de ses dons, de son activité industrieuse ; surtout il mit à leur service sa piété et sa foi ardente.

M. Javon ne se contentait pas de distribuer aux indi-gens les aumônes qu'il avait mission de leur porter, de procurer à une famille l'avantage de réhabiliter une union formée dans le désordre, et de rendre à de pauvres enfans un état et une famille : il se plaisait à aller au-delà de ces devoirs. Un pauvre père vient lui exposer la faiblesse qui l'a empêché de faire reconnaître par la cité et consacrer par l'Église l'union qu'il a eu le malheur de commencer ; M. Javon l'écoute avec l'indulgence et la tendre compassion qui ne manquent jamais à la véritable vertu ; il a bientôt porté le remède au mal, il a fait cesser le désordre et rétabli les droits de la religion et de la loi ; mais ce n'est pas assez pour son cœur généreux : il veut retirer de la misère le ménage à qui il vient de rendre sa dignité, il veut lui procurer du travail, cette précieuse aumône qui ne trouble ni celui qui la donne ni celui qui la reçoit. Il poursuit ce but sans relâche, et il ne se repose que lorsqu'il a assuré du travail et une existence honnête à la famille objet de sa sollicitude.

M. Javon était surtout admirable par sa condescendance, je dirai mieux, pour me servir d'un langage qui sera compris dans ce lieu saint, par son respect pour les pauvres. Eclairé par les lumières que la religion donne pour l'intelligence des besoins du pauvre, on le voyait recevoir par centaines les indigens confiés à sa sollicitude, prodiguer à tous les mêmes soins, les mêmes égards, sans que le dernier eût rien à envier au premier. Puis, le vieillard malade, la pauvre mère de famille, étaient-ils retenus sur un lit de douleur, M. Javon s'empressait d'accourir près d'eux, et avec le secours qui guérissait la maladie ou qui en adoucissait les rigueurs, il prodiguait les consolations tendres, les encouragemens qui sauvaient du désespoir et relevaient les cœurs.

Mais là ne s'arrêtait pas encore la charité de M. Javon : cette charité inspirée par la foi lui faisait voir dans le pauvre l'ame à éclairer et à sauver ; il avait un art merveilleux pour disposer cette ame à recevoir les consolations de la religion. L'onction de ses conseils et de sa parole aplanissait bientôt tous les obstacles, et préparait les voies au prêtre, qui, par la force et la grâce de son ministère sacré, achevait sans peine l'œuvre si heureusement commencée.

M. Javon excellait dans une sorte d'œuvres qui convenait particulièrement à l'élévation et à la délicatesse exquise de ses sentimens. Venait-il à savoir, chose si fréquente à notre époque, et dont les exemples se sont trop multipliés, qu'un ami avait éprouvé de ces revers de fortune qui brisent une existence, il mettait à sa disposition tout ce qu'il avait de zèle et d'activité ; il montrait surtout dans ces circonstances une abnégation et une humilité qui lui faisaient accepter avec joie, préférer même les services les plus obscurs et les plus difficiles. Puis, lorsque par des démarches infatigables, conduites avec sagacité et persévérance, il avait réussi à relever celui qui était tombé, il ne s'étudiait plus qu'à faire oublier le bienfait qui était son ouvrage : il ne souffrait pas qu'on lui parlât de reconnaissance.

Mais aucune mission ne convenait mieux à M. Javon que celle de conciliateur : son amour de la paix lui faisait accepter, rechercher même, cette tâche difficile à laquelle il semblait appelé par une vocation particulière.

Une heureuse réunion de qualités assurait le succès de ses pieuses entreprises : c'était à la fois et une douceur angélique et une grande force de caractère. On se ferait une fausse idée de la douceur chrétienne, si on la supposait toujours mêlée à quelque faiblesse : la douceur chrétienne sait aussi être forte comme la charité qui en est la source. M. Javon en offrait la preuve. Lorsqu'il avait conçu un projet dont l'exécution intéressait ou l'honneur de la religion, ou une des nombreuses œuvres auxquelles il s'était associé, ou l'avantage d'un ami, il ne se décourageait devant aucun obstacle. Il prenait son temps, il étudiait la difficulté, puis il la combattait avec une énergique persévérance, dédaignant presque toujours la froide prudence des conseils. Rarement il succomba dans ces luttes courageuses. Par cet heureux mélange de douceur et de force, il se rendait le maître des affaires qu'il traitait, réalisant ainsi la parole de l'Evangile : *Beati mites, quoniam ipsi posside-bunt terram* (1). C'est par là qu'il rendit de si éminens services dans les conseils où il fut appelé, dans les assemblées du conseil de fabrique de cette paroisse, où il apporta des vues élevées et généreuses dont il suivait avec ardeur le développement; dans l'œuvre de saint François-Régis, dans le bureau de charité, où il eut la consolation de voir réalisé, peu de temps avant sa mort, un projet qui l'avait long-temps occupé, et qui avait pour objet d'assurer un asile aux vieillards qui frappent à la porte des hospices, et qui attendent leur admission dans ces derniers refuges de leur misère et de leurs infirmités.

Ce caractère de douceur et de force devait être mis à une grande épreuve : ce fut lorsque M. Javon, atteint d'une maladie dont il connut clairement les dangers, eut à faire le sacrifice que Dieu lui demandait, sacrifice pénible pour son cœur aimant, pour ce cœur qui voulait s'offrir généreusement à Dieu, mais qui avait à se détacher des plus douces et des plus pieuses affections.

Les témoignages de sa longue prévoyance et de sa sollicitude pour sa jeune famille, révélés par sa mort, ont prouvé qu'il avait fait depuis long-temps déjà ce sacrifice. Il le fit avec la simplicité qui était aussi un des traits de son caractère. Jamais on n'entendit une

_______________

(1) Matth., ch. v, 4.

plainte, un murmure sortir de sa bouche. N'est-il pas permis de dire que ce fut le triomphe de la foi, un acte d'héroïsme !

La religion n'interdit pas le cri de la douleur au cœur oppressé qui souffre : elle sait que la plainte doucement épanchée n'est pas sans efficacité pour consoler, et elle ne la condamne pas. M. Javon se refusa cette innocente et légitime consolation; loin de provoquer de la part de ses amis des questions que leur intérêt pour lui leur mettait incessamment sur les lèvres, il s'étudiait à les écarter. On le vit conserver encore une conversation aimable, et qui, comme par le passé, était bien plus remplie de sa sollicitude pour le bien et les intérêts d'autrui que pour les siens.

M. Javon offrit simplement à Dieu ses amères douleurs, il lui demanda la force pour combattre, et les consolations dont il allait avoir besoin. Nous avons la douce certitude qu'il les obtint. Son ame, élevée à cette hauteur, vit dans le ciel la récompense promise à ceux qui pleurent et qui souffrent; il y reconnut le consolateur et le soutien de ceux qui lui étaient chers; il se jeta avec eux tous dans ses bras puissans. Il est permis de croire qu'il a exprimé cette pensée de son cœur dans l'acte de ses dernières volontés, où il demande que l'on exécute pour l'église du village où reposent ses restes « un tableau représentant Notre-Seigneur dans une des nombreuses circonstances de sa vie où il déploie sa miséricorde envers les hom-

mes. » La même pensée se reportant vers une épouse ché-
rie et vers sa jeune famille, lui a fait adresser à sa vénérable mère la prière de faire élever dans le jardin d'une
maison de Sœurs, fondée par sa famille dans le même
village, une statue à la sainte Vierge, « sous l'invoca-
tion de Notre-Dame protectrice des bonnes mères et
des orphelines. » Enfin, la foi qui l'animait et qui le
soutenait dans ses épreuves éclate dans cette autre
disposition, par laquelle il faisait un legs à la fabrique
de Saint-Nicolas-des-Champs, pour contribuer à la dé-
coration et à l'embellisement de la chapelle des fonts
baptismaux, « dans laquelle, dit-il, ma femme, mes enfans, mes frère et sœurs et moi, nous avons eu le bonheur de recevoir le baptême. »

Cependant les graves pensées qui occupaient alors
M. Javon, et que lui suggérait sa piété, se trahirent à
son insu. Dès l'époque déjà lointaine à laquelle il se
sentit frappé, on put remarquer que sa piété devenait de
jour en jour plus fervente et plus tendre, sa charité plus
ardente et plus expansive. On le vit, dans le temps où sa
santé réclamait le plus de vigilance et de soins, devenir
plus oublieux que jamais de lui-même et de ce qui le
touchait personnellement. Sa conversation, toujours gra-
cieuse et prévenante pour ceux qui l'abordaient, prenait quelquefois un caractère plus élevé. J'ai recueilli
d'une bouche non suspecte que cette conversation édifia
des prêtres ; enfin toutes ses actions justifièrent ces mots

prononcés sur sa dépouille mortelle par le vénérable pasteur de cette paroisse : « Il était mûr pour le ciel. »

M. Javon s'était ainsi préparé aux affreuses douleurs qui l'assaillirent dans ses derniers jours. Ses souffrances furent adoucies par l'héroïque tendresse d'une épouse à qui Dieu donna des forces nouvelles pour les épreuves qui l'attendaient ; par les soins pieux de ses enfans, de son frère, qui veilla près du chevet de ce frère chéri avec la tendresse d'un père ; par les sollicitudes de sa mère, de ses sœurs, par le zèle de ses amis, qui se disputaient la consolation de veiller près de lui. Mais ce fut M. Javon qui, dans ce trouble et cette consternation, donna l'exemple du calme et de la sérénité : il avait trouvé ses forces dans la sainte Eucharistie, qu'il reçut avec la foi la plus édifiante ; il les avait trouvées dans la croix, car c'est au pied de la croix, c'est avec cette grande image sous les yeux, qu'il voulut souffrir, c'est au pied de la croix qu'il rendit son ame à Dieu.

En terminant cette courte notice, où je n'ai reproduit que les traits qui m'ont le plus vivement frappé, je reconnais que ce travail est trop incomplet : quels que soient nos discours, ils resteront toujours au-dessous de ce que notre cœur a senti. Mieux que nos paroles, les hommages rendus à la mémoire de M. Javon, les prières et les larmes que chaque jour voit répandre, dans ces lieux où nous exprimons nos regrets, l'immense concours qui, succédant à celui dont cette église était remplie, conduisit ses restes aux lieux où il voulut reposer près de son père, la douleur de sa famille, que Dieu seul peut consoler, disent éloquemment quel fut celui dont nous pleurons la perte.

Un long et digne hommage lui sera rendu dans le cœur de ceux qui furent aimés par lui et qui lui survivent. Dans les chagrins et les douleurs qu'ils rencontreront dans la vie, ils regretteront amèrement ce consolateur et cet appui qui ne manqua jamais à la douleur ni à l'infortune, et qui sera peut-être difficilement remplacé pour eux. Cependant ne nous laissons pas abattre ni décourager. Alexandre Javon nous instruit par sa vie et par sa mort, il nous apprend à nous élever vers Dieu, qui tient en réserve les seules récompenses dignes de tant de vertus et de mérites. Avec les pensées de la foi, nous nous reposerons doucement dans la confiance que les œuvres et les souffrances de notre ami l'ont accompagné avec nos prières devant le trône de Dieu, et lui ont obtenu une sentence de miséricordieuse justice.

PARIS. — IMPRIMERIE D'ADRIEN LE CLERE ET C<sup>ie</sup>,
RUE CASSETTE N° 29, PRÈS SAINT-SULPICE.